DISCOURS

DE

M. ROMEUF DE LA VALETTE.

DISCOURS

PRONONCÉ LE 29 OCTOBRE 1833

DEVANT LA COUR D'ASSISES

DU DÉPARTEMENT DE L'ALLIER,

PAR

M. ROMEUF DE LA VALETTE,

SUBSTITUT DU PROCUREUR DU ROI A MOULINS.

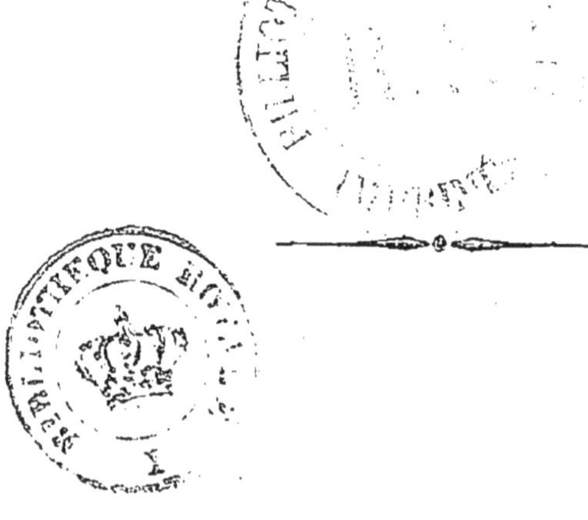

PARIS,
IMPRIMERIE DE H. FOURNIER,
RUE DE SEINE, N. 14.

1833.

DISCOURS

PRONONCÉ LE 29 OCTOBRE 1833

DEVANT LA COUR D'ASSISES

DU DÉPARTEMENT DE L'ALLIER,

Par M. ROMEUF DE LA VALETTE,

SUBSTITUT DU PROCUREUR DU ROI A MOULINS.

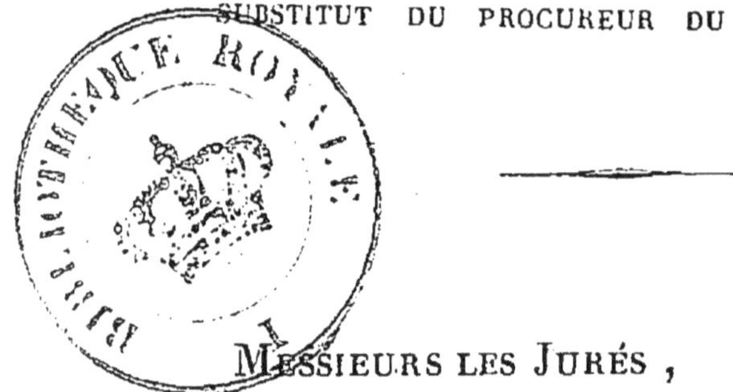

MESSIEURS LES JURÉS ,

De toutes les conquêtes de la révolution de 1789,
la liberté de la presse est l'une des plus chères aux
Français. Malgré les imprudens efforts de ses faux amis
pour la compromettre aux yeux des hommes paisibles,
la véritable presse, celle qui prend pour devise *légalité,
ordre et liberté*, sera toujours la vie des états constitutionnels. Aux citoyens elle apprend leurs droits,
aux gouvernemens elle signale leurs fautes ; à tous
elle trace leurs devoirs. En un mot, Messieurs,
l'écrivain journaliste, dont le talent et le sage patriotisme sont éprouvés, exerce la plus noble des
magistratures, celle d'instruire, protéger et améliorer
ses semblables.

Telle fut, pendant quinze ans, parmi nous, la

destinée de la presse périodique. Long-temps asservie par la tyrannie de la Convention et les proscriptions du Directoire, ou étouffée sous le despotisme ombrageux de l'Empire, elle reprit son timide essor dès les premiers jours de 1814; et malgré les entraves continuelles de la Restauration, elle eut l'honneur de nous initier aux mystères du gouvernement représentatif. Son influence fut grande alors et s'accrut chaque jour; sentinelle vigilante, si elle annonçait courageusement les mauvais projets du pouvoir, loin de prêcher la violence et d'exciter au désordre, elle encourageait les citoyens à se renfermer dans les limites sacrées de la Charte. Aussi servait-elle de boussole à l'opinion; ses avis étaient partout écoutés, ses candidats élus par acclamation, et l'on peut dire qu'elle constituait un *quatrième* pouvoir dans l'État.

Si vous vouliez rechercher avec nous, Messieurs, la cause de cette prodigieuse puissance, vous la trouveriez d'abord dans ce langage toujours digne et calme qui caractérisa l'opposition de 1814 à 1830; vous la trouveriez encore dans les noms, devenus populaires, de ces publicistes profonds, de ces éloquens orateurs, de ces historiens habiles qui tinrent à honneur d'être journalistes.

Après la révolution de juillet, le plus grand nombre de ces honorables écrivains, satisfaits d'un résultat qui dépassait toutes les espérances et réunissait l'assentiment prononcé de la nation, se déclarèrent les premiers soutiens du trône de Louis-Philippe. Si le pays y gagna de bons administrateurs, la presse en les perdant, vit décroître rapidement sa force morale. Quelques journaux, il est vrai, conservant des rédacteurs expérimentés, continuèrent leur mission constitutionnelle ; mais plusieurs autres, la plupart nouvellement créés , tombèrent aux mains d'une jeunesse exaltée, aux passions turbulentes, ou dont le nouveau pouvoir n'avait pu satisfaire l'ambition.

Dès lors , Messieurs , le langage de cette portion de la presse fut tout autre. Elle n'eut plus qu'un but , celui de détruire. A l'opposition raisonnée de ses devanciers , succédèrent des déclamations sans mesure contre les institutions et les hommes les plus dignes de nos respects. Les droits du roi méconnus, les pouvoirs de l'État remis en question , la personne du souverain indignement outragée , les meilleurs patriotes , pour lesquels trois mois plus tôt on n'avait point assez d'éloges, abreuvés de dégoût et conduits au tombeau par la plus noire ingratitude ; tel fut l'affligeant spectacle offert par ces organes de la publicité. Plusieurs allèrent jusqu'à s'attaquer à l'ordre social tout entier et cherchèrent à irriter la classe pauvre contre la classe moyenne à laquelle, pour exciter les jalousies les plus dangereuses, ils appliquèrent la dénomination aussi perfide qu'injuste d'*aristocratie bourgeoise.* Presque tous , enfin , affectant de méconnaître le vœu de l'immense majorité du pays, se firent les apôtres d'une forme de gouvernement dont le nom seul ne rappellera long-temps à la France que des souvenirs de ruine et d'oppression.

Heureusement, Messieurs , contre de pareils débordemens la société n'est pas désarmée. Malheur à elle, malheur à la liberté de la presse elle-même, qui n'a pas de plus funeste ennemie que la licence, si nous en étions réduits à tolérer la prédication des plus pernicieuses doctrines ! Quel que soit l'empire de la raison sur les masses, il ne saurait suffire contre des attaques sans cesse renouvelées et que l'impunité rendrait de jour en jour plus violentes. Il arriverait, tôt ou tard, que les hommes crédules se laissant égarer par le mensonge, les faibles effrayer par la menace, les courageux annihiler par la calomnie, la France tomberait insensiblement entre les mains de cette minorité agissante qui, soit imprudence, soit calcul, cherche à la précipiter de nouveau dans la carrière des révolutions.

A nous, Messieurs, de vous signaler le péril; à vous d'y porter remède.

Au nombre des journaux de province qui doivent naissance à la révolution de juillet figure, en premier rang, le *Patriote* qui s'intitule bien mal à propos gazette *constitutionnelle*. Ce journal a remplacé la gazette *véritablement* constitutionnelle de l'Allier qui, sous la Restauration, se distingua par son opposition mesurée. Dès son début, il se donna pour le continuateur de ses principes politiques, et même, si nous sommes bien informés, ses actionnaires en avaient fait une condition de leur concours à son existence; il resta, quelque temps, fidèle à son programme; puis il changea de mains, et de nouveaux propriétaires appelèrent de Paris un nouveau rédacteur. le sieur

Achille Roche, déjà connu dans le monde politique par ses procès à la cour d'assises de la Seine et par sa coopération au *Mouvement* et à la *Tribune*.

Le *Patriote* reçut, dès ce moment, une impulsion franchement républicaine; il n'est pas un de ses numéros qui ne l'atteste. Toutefois, tel est notre respect pour la liberté de discussion que, tant qu'il s'est borné à l'exposé de ses théories, nous avons fermé les yeux sur tous ses écarts; il a fallu qu'il violât ouvertement les lois, qu'il adressât au roi les offenses les plus graves, qu'il allât jusqu'à lui contester l'inviolabilité qui lui est garantie par la Charte, pour nous mettre dans la rigoureuse nécessité de diriger contre lui des poursuites.

Le numéro qui contient l'article incriminé porte la date du 3 septembre 1833. Son sujet est le voyage du roi en Normandie. Nous appelons toute votre attention sur la lecture que nous allons vous en donner.

«Le voyage du roi confirme, par ses divers inci-
« dens, plusieurs vérités que nous avions théorique-
« ment établies et qui gagnent beaucoup à être vues
« dans la pratique; ainsi nul ne peut douter, en lisant
« les relations de police et les solennités officielles,
« que la majesté du trône ne soit éteinte à jamais.
« Parmi les personnes les plus prévenues contre la
« république, il n'en est pas une, indépendante par
« position, qui ne prenne des nausées à la lecture des
« platitudes que les fonctionnaires bourdonnent aux

« oreilles de Sa Majesté. Les louanges amphigouriques,
« les protestations d'amour, toute la rhétorique banale
« tant prodiguée à tous les régimes, ne sont plus
« aujourd'hui qu'une servilité déshonorante pour la
« bouche qui les prononce et qu'un ridicule pour le
« personnage qui les reçoit comme choses dues. Et
« Dieu sait si, dans le voyage de Cherbourg, on s'est
« épargné les flatteries! nous croyons, en vérité, qu'on
« a dépassé la dose de ce qu'on faisait en ce genre pour
« Napoléon et Charles X. Un fonctionnaire n'a-t-il
« pas été jusqu'à attribuer au roi la beauté de nos
« récoltes? Mais toutes ces misères ont leur utilité.
« Elles ne sont pas aux yeux des courtisans de vains
« protocoles. On veut suivre les traditions des an-
« ciennes cours, restaurer leurs adorations, rendre
« à la dynastie l'éclat des autres augustes familles. Et
« c'est pour y parvenir qu'on fait grand bruit des dis-
« cours d'apparat débités au très-haut voyageur. Et
« c'est justement en cela qu'on se trompe! Les efforts
« tentés pour raviver une majesté impossible sont in-
« utiles; ils ne produisent que le sourire! Les courti-
« sans entendraient mieux leur métier en soustrayant
« aux regards du peuple la personne de leur maître.
« En voyant la foule se presser devant les caricatures
« de Philippon, en nombrant sur les murs de Paris
« les millions d'emblèmes anti-royalistes crayonnés
« par des mains prolétaires, ils devraient apprendre
« que l'adoration du chef de la dynastie n'est plus de
« mise. En pareille matière, la parodie est près des

« choses sérieuses ; et si la majesté n'éblouit pas, si
« elle se laisse regarder en face, si elle se montre ce
« qu'elle vaut, elle tombe bientôt dans le décri.

« Mais, ce qui est plus sérieux que la majesté sacrée
« du trône citoyen, le voyage de Cherbourg achève
« de faire justice d'un prétendu dogme constitutionnel.
« Oserait-on dire encore que la sentence anglaise
« *le roi ne peut mal faire* soit autre chose que la plus
« insignifiante fiction ? Certes cet adage, tant soit peu
« niais, avait été adopté seulement à charge par le
« monarque d'un absolu repos et d'une auguste fai-
« néantise. C'était ce qu'expliquait fort bien cet autre
« adage *le roi règne et ne gouverne pas.* Or, l'on
« peut voir, par les récits du voyage de Cherbourg,
« que Louis-Philippe est un roi des plus actifs ; il
« n'est pas une question politique qu'il n'aborde et sur
« laquelle il ne donne doctoralement son opinion.
« Charles X, dans ses courses, demandait des hom-
« mages et déclarait les recevoir avec plaisir. Louis-
« Philippe se promène en robe et en bonnet carré,
« prêchant, dogmatisant, admonestant, le tout en dis-
« cours forts longs, en style sec et diffus, avec des
« formes dignes de ses idées, véritable type de toutes
« les qualités du juste-milieu ; un roi si discourant ne
« peut pas revendiquer la fiction d'inviolabilité in-
« ventée pour les rois soliveaux trônant en manteau
« de velours dans un majestueux sommeil. Et nous
« n'en faisons pas un reproche à Louis-Philippe ! On
« conçoit qu'il n'ait pas voulu se résigner au ridicule
« emploi de la royauté constitutionnelle. On conçoit

« qu'ayant intérêt à se conserver une couronne, il
« ait voulu prendre voix prépondérante au conseil
« où cette couronne était défendue ; mais, qu'on
« ne lui refuse pas la responsabilité de ses actes ! Si
« le vaisseau de l'État est mené à bon port, à lui seul la
« gloire ; mais par une conséquence forcée, si nous cha-
« virons sur des écueils, à lui seul la responsabilité, à
« lui seul la honte et la peine ! c'est là, constitutionnnel-
« lement même, la vérité. Le roi est inviolable parce
« que les ministres gouvernent sous son nom ; avec
« un roi actif, travailleur, jaloux de son pouvoir, ayant
« seul le secret du conseil et n'employant les ministres
« que comme valets ou commis, la fiction disparaît
« devant la réalité. Il peut en advenir gloire et succès
« pour la dynastie ; mais c'est à ses risques et périls.
« Or, le premier risque auquel se soit exposée la ma-
« jesté citoyenne, c'est celui de voir discuter ses orai-
« sons par les journaux, risque qui n'a pas tardé à
« l'atteindre. Chose étrange ! Pour cette discusssion,
« M. *Persil* a fait saisir la *Tribune*, comme si tout
« acte public n'était pas du ressort de la publicité !
« Fallait-il donc que la *Tribune* attribuât au ministère
« absent les improvisations de Sa Majesté? On ne con-
« çoit vraiment pas à quoi eût servi cet impudent
« mensonge. Voulez-vous conserver intacte votre
« fiction constitutionnelle? Prenez-la, vous-mêmes,
« les premiers au sérieux; c'est à vous de donner
« l'exemple, et si vous ne le pouvez pas, à plus forte
« raison votre fiction nous est-elle impossible à ac-
« cepter !

« Il faut le dire cependant : si la monarchie pouvait
« se faire du tort après l'état de siège, le renvoi de la
« duchesse de Berry, les pensions des chouans, la
« liste civile, etc., Louis-Philippe lui nuirait par sa
« prolixe éloquence. C'est un triste spectacle que de
« voir un roi se constituer chef de parti. Nous ne
« croyons pas que Louis XVIII ou Charles X aient
« jamais lancé de royales insultes contre les libéraux;
« ils trouvaient au contraire de bon goût, en les ren-
« contrant, de leur prodiguer leur affectueuse politesse;
« ils savaient renfermer leurs haines dans leur cœur.
« Il n'en est pas ainsi de Louis-Philippe; tourmenté
« par le démon de la controverse, il ne peut pas lais-
« ser passer une seule occasion de répandre son fiel
« contre les révolutionnaires qui lui ont dressé un
« trône, et qu'il flattait avec tant d'affectation il y a
« trois ans! Toute occasion lui est bonne pour ré-
« veiller les haines, semer les discordes, rôle bien
« digne d'un monarque, et bien décent pour un per-
« sonnage qui prétend à la gloire d'avoir étouffé l'a-
« narchie! Parle-t-il à des juges? il leur recommande
« de l'aider à combattre les factieux. A des commer-
« çans? il leur déclare qu'il a rendu au commerce
« sa prospérité en écrasant les factieux. A des pro-
« fesseurs? il faut qu'ils élèvent la jeunesse de manière
« à la mettre en garde contre les théories révolution-
« naires. Enfin, c'est un éternel plaidoyer de parti
« venant de celui qui, si la monarchie était encore
« possible, devrait se placer au-dessus de tous les
« partis, pour voir dans tous les Français une seule

« famille; nous remercions, quant à nous, l'auguste
« personnage de cette éternelle préoccupation, car
« elle sert parfaitement notre cause; est-ce nous qui
« pourrions, sans son secours, mettre à nu à la fois
« la royauté, la dynastie et la personne du prince?
« Pourrions-nous démontrer que la royauté se fait
« chef de faction, que la dynastie est égoïste et ran-
« cunière; que le prince s'acharne sans générosité
« sur des vaincus que déjà sa police torture et traîne
« au tombeau? Ce sont là choses qui n'ont leur dé-
« monstration que dans les paroles sorties de la bou-
« che même du chef de l'État. Aussi, invitons-nous
« les indifférens à suivre le récit du voyage dans les
« feuilles les plus ministérielles, si faire se peut; c'est
« le meilleur moyen de faire des républicains. Le dé-
« faut d'espace ne nous permet de citer qu'un seul
« échantillon de l'éloquence royale. Nous ne prenons
« pas le morceau dans lequel l'ex-général Égalité parle
« contre les utopistes et les rêveurs. Nous aimons
« mieux choisir une réponse digne, quoiqu'un peu
« vive, adressée à un fonctionnaire qui avait osé
« parler de la nécessité, pour les rois, d'entendre la
« vérité : »

« Oui, sans doute, il faut que la vérité arrive aux
« rois : mais il faut aussi qu'elle arrive aux nations;
« aujourd'hui, les nations ont leurs flatteurs comme
« jadis les rois avaient les leurs, et ces flatteurs sa-
« vent aussi bien tronquer la vérité par la flatterie,
« que la comprimer par l'insulte et l'obscurcir par la
« calomnie. C'est au temps et à la raison publique à

« en faire justice, et ce n'est qu'en repoussant l'op-
« tique de la passion et de la partialité que l'esprit
« du peuple parvient à juger sainement les choses, et
« à démêler ses véritables intérêts. C'est ainsi qu'on
« peut apprécier les avantages réels dont on jouit et
« qu'on ne s'expose pas à les compromettre et à les
« perdre. »

Le premier délit imputé au sieur Roche, dans l'ordre adopté par l'arrêt de mise en accusation, est celui
d'attaque à l'inviolabilité de la personne du roi.

Avant de discuter les passages qui motivent ce chef
de la prévention, il importe de se bien fixer sur le
sens et la valeur que l'on doit attacher à cette expression constitutionnelle, *inviolabilité du roi.*

Une règle d'équité de tous les temps oblige chacun
à répondre de ses actes. Il a fallu de grands motifs
pour faire fléchir cette règle, et cependant, Messieurs,
par une exception introduite dans toutes les consti-
tutions monarchiques, la royauté a toujours été dé-
clarée irresponsable. Ce privilège, le seul, avec l'hérédité de la couronne, consacré par nos institutions
actuelles, prend sa source dans la nécessité de préserver contre toutes les ambitions le poste le plus
éminent de la terre, et d'imprimer un respect reli-
gieux au front de celui qui doit lui-même imprimer
le mouvement à toutes les parties de l'État. Supposez,
en effet, que le roi pût être appelé à rendre compte
de ses actions : à combien d'atteintes ne serait-il pas
en butte ? L'administration de 33 millions d'hommes,
si paternelle qu'elle soit, ne peut éviter de faire bien

des mécontens, et s'il était loisible à chacun d'eux de faire descendre la royauté de la haute sphère qui lui est assignée, pourrait-elle répondre à toutes les réclamations ? Sa dignité se maintiendrait-elle au milieu du conflit continuel des injustices et des exigences de toutes sortes ? Non, sans doute ; la constitution a donc usé d'une sage prévoyance en plaçant la royauté au-dessus des orages, en l'entourant du boulevard inexpugnable de *l'inviolabilité*.

Le roi ne devant pas répondre de ses actions, est-ce à dire, Messieurs, que le citoyen, que la nation, froissés par un acte du pouvoir exécutif, n'aient aucun moyen d'obtenir justice ? à Dieu ne plaise ! car, s'il en était ainsi, la monarchie constitutionnelle, cette monarchie qui, depuis un siècle et demi, a élevé si haut l'Angleterre, et sous laquelle, nous l'espérons, la France est appelée à de si grandes destinées, aurait bientôt perdu ses droits à l'estime des peuples, ou plutôt elle ne l'eût jamais obtenue.

Mais, à côté de l'inviolabilité royale, se trouve la responsabilité ministérielle. Tous les actes du souverain doivent être contre-signés par un ministre qui en devient l'éditeur responsable. C'est ce qui a fait dire avec beaucoup de vérité que le *roi règne, et ne gouverne pas.* Ce sont en effet les ministres qui *gouvernent* sous son nom, puisque, par le refus de leur adhésion, ils peuvent paralyser l'action royale ; puisque, sans leur participation, le roi ne saurait rien faire constitutionnellement.

Et remarquez, Messieurs, que, si les conseillers de

la couronne sont mal choisis par elle, s'ils ne méritent pas la confiance du pays, au pays appartient encore de s'en débarrasser; car il n'est point de ministère qui puisse tenir contre la volonté des chambres.

Tel est le sens de l'ingénieuse théorie de l'*inviolabilité*; c'est ainsi que ce dogme protecteur du pouvoir royal se concilie avec les intérêts de tous, assure la stabilité du trône, conserve tous les droits, fait taire toutes les ambitions, et, par un enchaînement merveilleux, se lie intimement au principe de la souveraineté nationale qui s'exerce par les majorités législatives.

Aussi, Messieurs, le principe de l'inviolabilité de la personne du roi est-il la pierre fondamentale de toute monarchie constitutionnelle. Il avait été demandé par tous les cahiers des États-généraux; il fut proclamé par la constitution de 1791, que certes on n'accusera pas d'avoir fait une trop large part à la royauté; il repose dans l'acte constitutionnel des Anglais : il se retrouve dans l'article 13 de la Charte de 1814, et enfin l'article 12 de la Charte de 1830 est ainsi conçu :

La personne du roi est inviolable et sacrée; ses ministres sont responsables; au roi seul appartient la puissance exécutive.

Nous avons insisté, Messieurs, sur le développement de ces vérités élémentaires, parce qu'elles doivent dominer toute la discussion à laquelle nous allons nous livrer.

L'article incriminé attaque-t-il ouvertement l'inviolabilité de la personne du roi ? Messieurs, la seule lecture de l'ensemble de cet article vous a déjà démontré qu'il n'a point d'autre but, et nous bornerons notre démonstration sur ce point à vous citer les phrases et les expressions les plus explicites.

Ainsi, d'après l'écrivain : « *Le voyage de Cher-* « *bourg achève de faire justice d'un prétendu dogme* « *constitutionnel, et la sentence anglaise , le roi ne* « *peut mal faire, n'est autre chose que la plus insi-* « *gnifiante fiction.*

« *Ce dogme , tant soit peu niais,* suivant le sieur « Roche, *avait été adopté seulement à charge par* « *le monarque d'un absolu repos et d'une auguste* « *fainéantise ; Louis-Philippe est un roi des plus* « *actifs.* UN ROI SI DISCOURANT NE PEUT PAS REVEN- « DIQUER LA FICTION D'INVIOLABILITÉ INVENTÉE POUR « LES ROIS SOLIVEAUX. »

Dire d'un dogme qu'il n'est qu'un *prétendu* dogme, qu'une *insignifiante* fiction ; dire que *Louis-Philippe* ee peut pas revendiquer la fiction d'inviolabilité, n'est-ce pas dire , en propres termes, que Louis-Philippe n'est pas ou ne doit pas être inviolable ? L'attaque peut-elle être et plus personnelle et plus directe ?

« *Nous ne faisons pas à Louis-Philippe un re-* « *proche de son activité! On conçoit qu'il n'ait* « *pas voulu se résigner au ridicule emploi de la* « *royauté constitutionnelle ; on conçoit qu'ayant in-* « *térét à se conserver une couronne , il ait voulu* « *prendre voix prépondérante au conseil où cette*

« *couronne était défendue.* Mais QU'ON NE LUI RE-
« FUSE PAS LA RESPONSABILITÉ DE SES ACTES. *Si le*
« *vaisseau de l'Etat est mené à bon port, à lui seul*
« *la gloire ; mais, par une conséquence forcée, si*
« *nous chavirons sur des écueils,* A LUI SEUL LA
« RESPONSABILITÉ, A LUI SEUL LA HONTE ET LA PEINE !

« *C'est là constitutionnellement même la vérité.* »

L'écrivain reproduit ici la même pensée coupable sous une nouvelle forme. *Qu'on ne refuse pas au roi la responsabilité de ses actes.... Si nous chavirons sur des écueils, à lui seul la responsabilité !* Et cette responsabilité, comment l'auteur l'entend-il ? *A lui seul la honte*, non-seulement la honte, *à lui seul la honte et la peine.* Et ne lui demandez pas, Messieurs, quelle est cette peine : l'infortuné *Louis XVI* ne nous apprend que trop quelle est la peine réservée aux rois dont on ne respecte pas l'inviolabilité.

Mais poursuivons « *Avec un roi actif, travailleur,* « *jaloux de son pouvoir, ayant seul le secret du* « *conseil, et n'employant les ministres que comme* « *valets ou commis,* LA FICTION DISPARAIT DEVANT « LA RÉALITÉ. »

Si la fiction de l'*inviolabilité* disparaît, que reste-t-il ? Evidemment la *responsabilité.*

« *Il peut en advenir gloire et succès pour la dy-* « *nastie ; mais* C'EST A SES RISQUES ET PÉRILS. »

Avec les *risques* et *périls* que devient l'*inviolabilité*?

« *Voulez-vous conserver intacte votre fiction con-* « *stitutionnelle ? Prenez-la vous-mêmes les premiers*

« *au sérieux. C'est à vous de donner l'exemple, et*
« *si vous ne le pouvez pas, à plus forte raison* VOTRE
« FICTION NOUS EST-ELLE IMPOSSIBLE A ACCEPTER. »

Cette dernière phrase est la septième forme que l'écrivain donne à sa pensée.

Nous passons rapidement sur ces citations que nous pourrions multiplier encore, et nous croyons inutile d'y ajouter aucun commentaire. La lumière du jour ne se démontre pas; nous ne ferions qu'obscurcir ou affaiblir ce que le sieur Roche a énoncé dans les termes les moins équivoques. D'ailleurs, nous ne supposons pas qu'il veuille s'exposer à nier l'évidence en contestant la réalité de ses attaques contre l'inviolabilité royale; il se bornera sans doute à en chercher la justification dans la même nature de raisonnement qui, dans l'article incriminé, a servi de prétexte plutôt que de motif réel à ces attaques; il nous reste à en examiner la valeur.

L'argumentation de l'écrivain, pour établir que le roi est responsable, est extrêmement simple, et il est facile de la réduire à ses termes les plus concis:

Le dogme de l'inviolabilité a été inventé à la charge par le roi de ne point participer aux affaires. Louis-Philippe participe aux affaires, donc il ne peut réclamer le bénéfice de l'inviolabilité. Nous ne croyons pas avoir affaibli l'argument.

Avant de démontrer, Messieurs, qu'au lieu d'être, comme l'assure le sieur Roche, une *vérité constitutionnelle*, cette proposition n'est, au contraire, qu'une monstrueuse *hérésie*, qu'il nous soit permis de vous en faire envisager le but et de vous en signaler les conséquences ; il ne faut pas s'étonner qu'elle émane d'une plume républicaine ; car nous ne connaîtrions rien de plus propre à dégoûter de la forme monarchique et à la rendre impossible qu'un semblable sophisme s'il pouvait être admis.

Quoi! la constitution, en déclarant l'inviolabilité du roi, lui aurait imposé l'obligation d'une *auguste fainéantise* ! s'il voulait cesser d'être *fainéant*, il cesserait aussitôt d'être *inviolable* ! Il devrait abdiquer toute intelligence, toute volonté ; chercher à s'effacer le plus possible, à s'annuler, à s'anéantir ! Il ne serait qu'un mannequin fastueusement doré, ne pouvant sortir de son palais ni ouvrir la bouche, sous peine de châtiment ! Seul de tout le royaume, il lui serait interdit d'arrêter son regard sur les affaires publiques ! Il ne pourrait même pas refuser sa signature à un acte de ses ministres ; car ce refus impliquerait une action raisonnée, une participation personnelle qu'on lui interdit. Et c'est un pareil automate qui serait chargé de représenter le peuple le plus spirituel, le plus railleur de l'univers ! Oh ! il faut en convenir, réduite à ces mesquines proportions, la couronne ne serait séduisante ni pour le roi qui la tiendrait du peuple, ni pour le peuple qui l'aurait confiée au roi. La forme républicaine y gagnerait de belles chances ; et c'est là tout le secret de cet étrange paradoxe.

Mais, rassurons-nous, Messieurs ; si le système du *Patriote* est injurieux et mortel pour la royauté, il est d'une fausseté radicale.

Non , la charte n'a point voulu réduire le souverain au rôle d'un *soliveau trônant* (pour employer
votre pompeuse image *) dans un majestueux sommeil !* Nous avons eu naguère un monarqne dont
les momens étaient absorbés par les plaisirs de la
chasse et les pratiques dévotes ; et Dieu sait quel
déluge de sarcasmes et de critiques cet emploi de ses
heures attirait sur sa tête. Il en serait de même , aujourd'hui, n'en doutez pas, si Louis Philippe prêtait
à ces suppositions par son caractère , et ces attaques
seraient plus méritées, sans doute , que celles qu'on
dirige contre son utile activité.

Quelle est donc la part d'action réservée au roi
dans notre forme de gouvernement? Ce n'est point
dans les colonnes de certains journaux qui s'efforcent
sans cesse d'amoindrir la royauté, qu'il faut chercher
la réponse à cette question, mais dans la Charte, notre
règle à tous, en dépit des dédains dont elle est l'objet,
dans la Charte qui fixe avec soin les attributions de
tous les pouvoirs de l'Etat.

Nous vous avons déjà rappelé les dispositions de
l'art. 12.

*La personne du roi est inviolable et sacrée. Ses
ministres sont responsables , au roi seul appartient la puissance exécutive.*

L'art. 13, qui définit cette puissance exécutive, est
ainsi conçu :

*Le roi est le chef suprême de l'Etat ; il com-
mande les forces de terre et de mer, déclare la
guerre, fait les traités de paix, d'alliance et de*

commerce, nomme à tous les emplois d'admi-
nistration publique, et fait les réglemens et
ordonnances nécessaires pour l'exécution des
lois, sans pouvoir jamais ni suspendre les lois
elles-mêmes, ni dispenser de leur exécution.

Indépendamment de ces deux articles, il en est plusieurs autres qui ajoutent encore aux attributions du roi.

Or, nous le demandons au *Patriote*, où trouve-t-il,
dans les termes de tous ces articles, cette prétendue
obligation imposée à la royauté de se condamner à
une inaction absolue ? N'y trouve-t-on pas tout le contraire? Est-ce l'inaction que la puissance exécutive ?
Est-ce l'inaction que le commandement des armées
de terre et de mer, le droit de déclarer la guerre,
conclure les traités de paix, d'alliance et de commerce, nommer à tous les emplois d'administration
publique et de magistrature, faire les réglemens et
ordonnances nécessaires pour l'exécution des lois? Est-
ce l'inaction que le droit de convoquer les chambres,
dissoudre celle des députés, nommer les pairs de
France? Est-ce l'inaction que le droit de grace et de
commutation de peine ?

Vous dites que l'inviolabilité n'est accordée au
roi qu'en échange de sa nullité absolue! C'est une
erreur insigne, nous l'avons déjà dit; l'inviolabilité,
de même que l'hérédité de la couronne, a son motif
dans l'immense intérêt de la stabilité du pouvoir,
et non dans ce néant ridicule que tout repousse, la
raison comme la lettre de la Charte. L'inviolabilité
n'est autre chose qu'un principe d'ordre et de repos

qui trouve son contre-poids dans la responsabilité ministérielle; mais nous ne voyons nulle part dans la constitution que la responsabilité ministérielle confisque à son profit l'autorité royale; s'il en était ainsi, que feriez-vous de ces quinze articles de la Charte qui stipulent les bornes de cette autorité? Le roi délègue à ses ministres l'action gouvernementale, les détails de l'administration; mais, loin d'être jeté en dehors de la direction du système politique, il est le seul qui puisse le surveiller, le contrôler, le modifier; cela est si vrai qu'au roi seul appartient de mettre le ministère en harmonie avec les chambres, et son pouvoir s'étend si loin à cet égard que, si le ministère est en opposition avec les majorités délibérantes, il a la faculté de dissoudre la chambre des députés et de faire une création de pairs pour essayer de rétablir l'équilibre sans renvoyer ses ministres. Or, peut-on prétendre sérieusement que, dans ce cas, le roi ne se rend pas *personnellement* juge du système qu'il cherche à faire prévaloir? Et pourrait-on soutenir, cependant, qu'il n'agit pas dans les limites de ses attributions? Il faut donc bien le reconnaître, cette exorbitante faculté implique non-seulement le droit, mais encore l'indispensable nécessité pour le roi de s'immiscer personnellement dans la haute direction du système, d'étudier par lui-même le vœu de la nation et de subordonner son gouvernement à ce vœu manifesté par les majorités parlementaires.

Tous les sophismes extra-constitutionnels ne peuvent rien contre cette interprétation puisée dans les termes mêmes de la Charte, interprétation qui, en réalité, attribue au pays une part immense, puisque ses représentans restent toujours les maîtres de forcer le roi à changer son système en refusant leur concours jusqu'à ce qu'il ait renvoyé ses ministres. Le ministère Polignac et la chambre des 221 en sont un exemple mémorable. Si le roi persistait malgré les chambres, il s'exposerait, comme Charles X, à la chance des révolutions, et ne pourrait pas se plaindre de la perte de son inviolabilité, car il aurait le premier transgressé le pacte qui la lui garantissait ; mais, hors ce cas violent, il n'en est qu'un de même nature, où l'on serait fondé à contester au roi son privilège ; ce serait celui où, au mépris de la constitution, il rendrait des ordonnances, signerait des traités ou ferait tout autre acte de gouvernement sans la participation, sans le contre-seing de ses ministres. Hors ces deux hypothèses, l'inviolabilité du roi reste, dans tous les cas, parfaite et absolue.

Tel est, Messieurs, l'unique sens de l'art. 12 de la Charte ; jamais texte ne fut plus clair ni plus précis, malgré tous les efforts de la presse pour l'embrouiller ; c'est ainsi qu'il a toujours été compris par la chambre des 221, par les journaux de l'opposition et par le *National* lui-même, avant la révolution de Juillet.

Résumons en deux mots cette théorie : inviolabilité royale, responsabilité ministérielle, puissance exé-

cutive au roi, délégation de cette puissance aux ministres ; mais liberté pleine et entière du pouvoir
royal, pourvu que tous ses actes soient contre-signés
par des ministres responsables choisis dans les
majorités législatives.

Examinons, plus en détail, les griefs sur lesquels
se fonde le raisonnement du *Patriote.*

Le roi préside son conseil ! Mais où est la loi
qui le lui défend? A-t-il un meilleur moyen de con-
naître ses ministres et de s'éclairer lui-même sur les
difficultés que rencontre son gouvernement?

Il y a voix prépondérante ! Vous n'en savez rien ;
et quand cela serait, il n'en résulterait qu'une chose,
c'est qu'il ouvre les meilleurs avis; car à qui per-
suaderez-vous que les notabilités dont se compose le
ministère n'aient pas une opinion qui leur soit propre ?

Les ministres sont ses valets! Les Soult, les
Broglie, les Guizot, les Rigny, les valets du roi! pre-
nez garde, vous nous donneriez une trop haute idée
du maître.

Il a seul le secret du conseil! Pure invention
de parti, dénuée de preuves et de vraisemblance !
au jour où nous vivons, y a-t-il rien de secret, même
pour un ministre?

Le roi dit : mon système! Nous venons de prouver que non-seulement il peut, mais qu'il doit en
avoir un. Pourquoi n'aurait-il pas son système, pourvu
qu'il soit bon, qu'il le fasse adopter par ses ministres
responsables, qu'il soit goûté des chambres qui en
sont les juges souverains, et qu'il fasse le bonheur
de la nation?

Le roi dit : mon gouvernement ! Mais jusqu'à ce que vous ayez décrété la république, il faudra bien vous résigner à vivre sous le gouvernement du roi.

Le roi est trop discourant ! Est-ce que la constitution lui aurait défendu de parler comme d'agir ?

Il se promène en robe et en bonnet carré, prêchant, dogmatisant, admonestant, le tout en discours fort longs, en style sec et diffus, avec des formes dignes de ses idées, véritable type de toutes les qualités du juste milieu !

Il est évident que vous avez vu le roi du fond de ce que vous appelez votre ilotisme ; car le portrait insultant que vous en faites est presque aussi ressemblant que ces emblèmes si spirituels et de si bon goût sur lesquels votre parti se défraie depuis trois ans.

Vous parlez avec dédain de son style. Mais cela prouve encore combien la prévention vous aveugle : car vos confrères de Paris, les plus injustes à son égard, tiennent un tout autre langage.

Vous comprenez, dites-vous, *que Louis-Philippe n'ait pas voulu se résigner au ridicule emploi de la royauté constitutionnelle !* En effet, telle que vous la faites, elle serait souverainement ridicule ; mais vous la défigurez à plaisir, afin de la rendre difforme ; vous cherchez à la mutiler, afin de la rendre impotente. La tentative n'est pas nouvelle, et nous savons tous que si *Louis* XVI n'a pu maintenir, contre les coups des factieux, la débile constitution de 1791, c'est que, depuis le jour où il l'accepta jusqu'au 10 août, les attributions de la royauté déjà si restreintes, lui furent toutes enlevées une à une; c'est qu'on n'avait négligé aucune des armes que vous employez aujourd'hui, pour le réduire au rôle d'un roi *soliveau.*

Le *Patriote* aura beau faire, Messieurs, il n'obtiendra pas que le pays s'indigne avec lui de trouver dans le souverain qui préside à ses destinées, un homme d'une grande capacité, d'un caractère ferme et énergique, de connaissances aussi profondes que variées; le pays se réjouit bien plutôt de ce que, grace à la supériorité de ses lumières, Louis-Philippe peut juger et maîtriser par lui-même les difficultés qu'on lui suscite.

Il est vrai que ses ministres le tromperont difficilement; mais où est le mal? Il saura discerner et suivre le vœu de la majorité? mais c'est là tout le gouvernement représentatif. Lorsque le magistrat d'une cité, lui adressant les hommages de la population, attirera ses regards sur un établissement à créer, un abus à détruire, il aura, si vous le voulez, la *manie* d'examiner de ses yeux les réclamations qu'on lui présente, et de veiller à ce qu'il soit fait droit aux demandes légitimes; mais cela est-il donc si coupable? Peut-être encore parlera-t-il à cœur ouvert, et avec une franchise désespérante pour ses ennemis, de la marche de son gouvernement! Mais s'il voulait, par hasard, s'enquérir par cette épreuve, la plus sûre de toutes, du jugement qu'on en porte dans la province, ce désir serait-il si criminel? Et si, au lieu des acclamations unanimes qui viennent malicieusement lui prouver que le peuple est heureux et satisfait, il ne rencontrait que froideur et silence, qui vous assure que cette leçon des rois ne pourrait pas l'éclairer au besoin ?

Vous voyez donc que, sous le rapport des faits, comme sous le rapport des principes, la raison et l'intérêt public repoussent votre argumentation, et que nous étions fondés à la qualifier d'*hérésie constitutionnelle*.

En nous résumant sur ce premier chef de la prévention, Messieurs les jurés, nous nous sommes attachés à établir :

En premier lieu, la haute importance du principe de l'inviolabilité de la personne du roi, solennellement garantie par la Charte ;

En second lieu, la multiplicité, l'évidence et la gravité des attaques dirigées contre l'inviolabilité de la personne du roi par le sieur Roche, dans l'article incriminé.

Et en troisième lieu, l'impossibilité d'admettre, comme justification de ces attaques, le raisonnement de l'écrivain, qui n'est qu'un long sophisme dont la conséquence inévitable serait de briser tôt ou tard la monarchie constitutionnelle en la rendant impraticable.

Nous abordons le second chef de la prévention, celui d'offense commise publiquement envers la personne du roi.

Dans toute société régulièrement organisée, monarchie ou république, le premier de la nation, celui qui supporte le fardeau du pouvoir, qu'on l'appelle roi, président ou consul, doit être environné de respect. La loi accorde à tout individu le droit de se plaindre de quiconque l'insulte ou le calomnie. Chaque jour nos tribunaux ont à statuer sur de semblables délits. Pour un mot offensant, prononcé souvent dans un moment de colère, l'amende, la prison sont appliquées, et lorsqu'il s'agirait du roi, un écrivain pourrait, froidement, avec préméditation, du fond de son cabinet, accumuler contre sa personne les expressions les plus outrageantes, les calomnies les plus odieuses, consigner ces outrages et ces calomnies dans des centaines de feuilles qui les répandraient au loin dans la province? Celui au nom duquel la loi s'exécute serait le seul contre lequel la loi serait désarmée? Non, Messieurs, cela est inadmissible et serait contraire à tout état social. Aussi, lorsque l'article de la loi de 1819, relatif aux délits d'offenses envers la personne du roi fut soumis à la chambre des députés, cet article fut-il voté sans discussion et à l'unanimité ; et vous savez qu'à cette chambre figuraient les *B. Constant,* les *Manuel,* les *Chauvelin,* les *Lafayette,* qu'on ne pensera pas sans doute à vous représenter comme des ennemis de la presse.

Si c'est toujours un délit que d'offenser le roi, ce délit devient bien plus grave encore lorsque le principe du pouvoir royal gît dans la souveraineté du peuple. Alors, en effet, ce n'est point au roi seul que s'adresse l'injure, mais à toute la nation dont il est le représentant ; alors chaque citoyen doit vouloir que rien ne reste impuni de ce qui peut blesser la dignité du chef de l'État ; chacun doit réclamer sa part de solidarité dans la conservation intacte de son honneur.

Recherchons donc si l'article incriminé contient des offenses envers le roi.

Ici, Messieurs, le seul embarras que nous éprouvions est de faire un choix convenable ; car, nous ne craignons pas d'affirmer que la totalité de l'article est entachée d'une pensée outrageante ; nous prenons de préférence le dernier paragraphe :

Il faut le dire cependant, si la monarchie pouvait se faire du tort après l'état de siège, le renvoi de la duchesse de Berry, les pensions des chouans, la liste civile, etc., Louis-Philippe lui nuirait par sa prolixe éloquence.

Le *Patriote*, reproduisant ici toutes les banalités qui alimentent la presse républicaine et légitimiste, et supposant que, dans le cas où ces prétendus griefs n'auraient pas fait tout le tort possible à la monarchie, Louis-Philippe achèverait de la discréditer par sa prolixe éloquence, lui adresse une injure toute gratuite. Le *Patriote* est le seul qui ignore ou feigne d'ignorer que, loin de nuire à la monarchie, la parole toujours noble du roi contribue à la faire aimer et respecter. Mais ce n'est encore là qu'une injure très-légère.

C'est un triste spectacle que de voir un roi se constituer chef de parti.

Ici, l'injure revêt le caractère de l'outrage ; un

chef de parti n'est jamais un homme fort estimable; mais *un roi chef de parti* serait l'être le plus vil. — Qu'est-ce en effet qu'un parti ? c'est une fraction plus ou moins grande de la société qui se coalise pour imposer à la majorité des projets et des prétentions qu'elle repousse ; or, un roi qui, au lieu de rester intimement uni avec cette majorité , se mettrait à la tête d'un parti quelconque pour lui dicter des lois , oublierait tous ses devoirs, et ne pourrait manquer de faire le malheur du peuple ; on ne saurait donc adresser au roi un plus sanglant outrage.

Nous ne croyons pas que Louis XVIII ou Charles X aient jamais lancé de royales insultes contre les libéraux ; ils trouvaient au contraire de bon goût, en les rencontrant , de leur prodiguer leur affectueuse politesse ; ils savaient renfermer leur haine dans leur cœur. Il n'en est pas ainsi de Louis-Philippe.

Il faut que l'esprit de parti soit un bien dangereux conseiller pour porter un écrivain à faire de pareils rapprochemens. Et dans quelles paroles du roi le *Patriote* a-t-il trouvé des insultes et de la haine? Il vous cite un passage qu'il a|sans doute choisi avec soin pour justifier sa coupable assertion, et qui, à nos yeux, la réfute de la manière la plus victorieuse.

« Oui, sans doute, répondait le roi au maire de
« Lisieux, il faut que la vérité arrive aux rois , mais
« il faut aussi qu'elle arrive aux nations. Aujourd'hui
« les nations ont leurs flatteurs comme jadis les rois
« avaient les leurs, et ces flatteurs savent aussi bien

« tronquer la vérité par la flatterie que la comprimer
« par l'insulte, et l'obscurcir par la calomnie. C'est
« au temps et à la raison publique à en faire justice,
« et ce n'est qu'en repoussant l'optique de la passion
« et de la partialité, que l'esprit du peuple parvient
« à juger sainement les choses et à démêler ses véri-
« tables intérêts. C'est ainsi qu'on peut apprécier les
« avantages réels dont on jouit, et qu'on ne s'expose
« pas à les compromettre et à les perdre. »

N'est-ce pas là, Messieurs, un langage plein de
sens et de sagesse? Le roi n'a-t-il pas dit la vérité
tout entière, et le *Patriote* voudrait-il que la vérité
fût interdite à celui-là seul dans la bouche duquel
elle peut exercer la plus utile influence? N'est-il pas
vrai que le peuple a ses flatteurs, et des flatteurs
d'autant plus dangereux que, s'il avait l'imprudence
de les écouter, il se verrait bientôt plongé dans
l'abîme? N'est-il pas vrai que ces flatteurs tronquent
la vérité de mille manières, et qu'ils abusent de la
crédulité du plus grand nombre en lui présentant
toutes choses sous un faux point de vue? N'est-il
pas vrai qu'à aucune époque on ne fit un plus fré-
quent emploi de l'insulte et de la calomnie? Combien de journaux pourrait-on citer qui ne paraissent
pas un jour sans la prodiguer au roi, aux Chambres,
à toutes les mesures du gouvernement sans distinction,
à tous les citoyens qui se consacrent à la défense de
la société menacée?

Louis-Philippe insulte les libéraux parce
qu'il énonce un fait patent, avéré! Voudriez-vous

qu'il eût dit que le peuple n'a point de flatteurs,
que l'insulte et la calomnie ne sont pas à l'usage des
partis ? Mais il eût été interrompu par un démenti
unanime !

*Louis-Philippe a des haines qu'il ne sait
point renfermer dans son cœur !* Nous avons
voulu chercher dans les discours du roi la trace de
ces haines, et si nous ne craignions d'abuser de votre
patience, nous vous ferions plus d'une citation in-
structive : nous nous bornerons à la suivante, extraite
de la réponse de S. M. au président d'un tribunal de
commerce.

*Les sentimens dont j'ai été entouré dans la tour-
née que je viens de faire n'ont pas été seulement
satisfaisans pour mon cœur, en me montrant l'affection qui est portée à ma famille et à ma personne, mais encore parce que j'y ai trouvé l'expression de la véritable opinion du peuple français.
Je vois avec plaisir que partout on reconnaît les
avantages que la sagesse de mon gouvernement a
obtenus pour la France, en empêchant les écarts,
les excès en tous sens, auxquels nous aurions pu
être entraînés par ce torrent d'illusions qui expose
si souvent beaucoup de gens honorables et bien
intentionnés au malheur de pousser vers un but
diamétralement opposé à celui qu'ils voudraient
atteindre, en s'efforçant de faire adopter des mesures dont ils ne connaissent pas la portée.*

C'est bien sans doute aux républicains que s'appli-
quent ces dernières paroles ; que le *Patriote* nous

dise si les républicains conservent ces égards, cette parfaite convenance dans leurs diatribes contre le roi ! Les républicains ne peuvent se trouver insultés d'être qualifiés de *gens honorables et bien intentionnés.*

Reconnaissons-le donc, Messieurs, le passage que nous discutons renferme une offense capitale que rien ne peut justifier.

Tourmenté par le démon de la controverse, il ne peut laisser passer une seule occasion de répandre son fiel contre les révolutionnaires qui lui ont dressé un trône et qu'il flattait avec tant d'affectation il y a trois ans.

De quels révolutionnaires parle le *Patriote ?* Est-ce des républicains ? Mais nous venons de démontrer par les paroles mêmes du roi que son fiel contre eux n'est pas bien amer, puisqu'il les considère comme des gens à illusions et les appelle des hommes *honorables et bien intentionnés;* et puis ce ne sont pas les républicains qui ont dressé le trône de Louis-Philippe ; ils ne sont pas si inconséquens; d'ailleurs ils n'en avaient pas le pouvoir, puisque, au dire même de l'un des organes les plus importans du parti, ils n'étaient à Paris qu'une poignée imperceptible au moment de la révolution de juillet.

Si ce n'est pas des républicains que parle le *Patriote,* de quels révolutionnaires parle-t-il donc ?

Est-ce des royalistes constitutionnels, de ceux-là qui vraiment ont dressé le trône de Louis-Philippe, et l'ont défendu au péril de leur vie dans les rangs de la garde nationale? Nous ne le pensons pas , car le *Patriote* a trop de sens pour soutenir que la méchanceté du roi aille jusqu'à s'exhaler contre ses amis?

C'est donc encore gratuitement et contre tous les faits que le sieur Roche ose reprocher au roi de répandre son fiel contre ceux qui lui ont dressé un trône ; de même que ceux-ci sont restés fidèles au roi , le roi leur a conservé toute sa confiance.

Toute occasion lui est bonne pour réveiller les haines , semer les discordes , rôle bien digne d'un monarque et bien décent pour un personnage qui prétend à la gloire d'avoir étouffé l'anarchie.

Cette imputation , Messieurs , résume et dépasse toutes les précédentes. D'après le sieur Roche , le roi ne se contenterait pas de se constituer chef de parti , d'insulter les libéraux, d'exhaler ses haines, de répandre son fiel contre les révolutionnaires qui lui ont dressé un trône ; le roi descendrait de ce trône pour aigrir les passions politiques déjà si envenimées, pour souffler le feu de la guerre civile ! Nous ne croyons pas qu'on puisse imaginer une accusation plus odieuse, plus propre à faire exécrer le roi, que de supposer que toute occasion lui est bonne pour réveiller les haines, semer les discordes. Un roi qui remplirait ce rôle serait digne de toutes les malédictions.

Et pourquoi cette horrible accusation? Parce que Louis-Philippe ne craint pas, dans ses voyages, de se réjouir avec le pays du rétablissement de l'ordre, de la renaissance du commerce, de l'affaiblissement des factions qui avaient conspiré la chute de la monarchie, serait-il donc interdit au roi de se féliciter en famille d'évènemens aussi heureux?

Louis-Philippe *réveiller les haines, semer les discordes!* serait-ce, par exemple, avec des paroles comme celles-ci?

« Me dire que la nation est contente de moi, c'est
« me faire le compliment le plus cher à mon cœur;
« me dire qu'elle est heureuse est ma plus douce ré-
« compense. Oui, mes chers camarades, l'intérêt du
« pays, son bonheur, sa prospérité, sont pour moi
« supérieurs à tout autre intérêt, à toute autre con-
« sidération. »

Louis-Philippe réveiller les haines, semer les discordes! lui qui, depuis son avénement au trône, a tout mis en usage pour ramener, par les moyens d'indulgence, les partis de toutes les couleurs; lui qui a encouru les mécontentemens de la presse républicaine par la longanimité de son gouvernement vis-à-vis la Vendée; lui qui n'est jamais plus heureux que lorsqu'il peut user du noble privilège attaché à sa couronne, de gracier ou atténuer la peine des condamnés politiques; lui qui, dans les fatales journées de juin, n'a pas craint d'exposer sa personne aux coups des républicains, dans l'espoir d'arrêter un carnage qui navrait son ame! Ah! rendez-lui plus de justice! Où trouverez-vous, dans l'histoire, un roi plus humain que celui qui, pour la plus grande gloire de son règne, n'a pas voulu qu'une seule goutte de sang fût versée pour raison politique?

Vous trouvez mauvais que le roi s'attribue l'honneur d'avoir *étouffé l'anarchie ?* mais n'est-ce pas de l'histoire ! Vous-même ne prenez-vous pas à tâche de justifier ces paroles par vos excès ? Oui, Messieurs, ne craignons pas de le dire et de le répéter sans cesse, parce que c'est notre conviction la plus intime : si, après la victoire héroïque du peuple, la France n'eût pas possédé une famille qu'elle était depuis long-temps accoutumée à chérir et à respecter ; si le duc d'Orléans, ami de la vie domestique, eût résisté aux sollicitations de nos sages mandataires et refusé la couronne, nul ne peut dire quel eût été le sort de la France. Sans armée, sans ordre établi, sans organisation politique ni administrative, livrée aux prétentions diverses des partis, elle courait le risque immense de devenir la proie de la discorde civile et de l'intervention étrangère.

Et sans remonter aussi loin, si, depuis qu'il est sur le trône, Louis-Philippe, au lieu de se montrer sans ambition, eût écouté ceux qui voulaient que la révolution de juillet fît de la propagande et se jetât à l'aventure dans mille entreprises guerrières ; s'il eût adopté à l'intérieur un système tellement démocratique qu'au lieu de fortifier le pouvoir naissant, il en eût relâché tous les ressorts en donnant de la vie aux élémens de désorganisation, n'est-il pas présumable qu'au lieu du calme prospère et de la liberté qu'elle possède, la France se trouverait à la vieille et peut-être au lendemain d'une commotion dont l'issue serait incalculable ?

Rien n'est donc plus exact que les paroles du roi,

lorsqu'il se félicite avec le pays de l'avoir sauvé de l'anarchie; lorsqu'il remercie les gardes nationales du concours qu'elles ont prêté à ses efforts; et ce fait ne peut être contesté que par des ingrats ou par ceux qui n'auraient pas été fâchés d'un peu d'anarchie.

Messieurs les jurés, nous vous prions de bien peser toute la portée de l'offense renfermée dans les phrases auxquelles nous venons, pour tout commentaire, d'opposer des faits irrécusables.

Toute occasion lui est bonne pour réveiller les haines, semer les discordes, rôle bien digne d'un monarque et bien décent pour un personnage qui prétend à la gloire d'avoir étouffé l'anarchie!

Parle-t-il à des juges? il leur recommande de l'aider à combattre les factieux. Eh! peut-il leur donner un meilleur conseil? Le premier devoir de la magistrature n'est-il pas de protéger la société en surveillant et réprimant les complots?

Parle-t-il à des commerçans? il leur déclare qu'il a rendu au commerce sa prospérité en écrasant les factieux. Nous n'avons rencontré nulle part cette expression *écraser les factieux;* nous ne croyons pas que le roi s'en soit servi, et lors même que le roi s'en serait servi, cette expression n'en serait pas plus exacte. Sans doute les factieux sont comprimés, ils le sont pour long-temps, nous aimons à le croire; mais qui a jamais pensé qu'ils soient *écrasés,* et qu'ils aient renoncé surtout à leurs coupables desseins? Quant au fond de la pensée royale, est-il besoin d'ajouter qu'elle est de toute justesse? Quelqu'un pourrait-il nier que le commerce doive le retour de sa prospérité inouie à la cessation du désordre? et la cessation du désordre n'est-elle pas l'œuvre du gouvernement du roi?

Parle-t-il à des professeurs ? il faut qu'ils élèvent la jeunesse de manière à la mettre en garde contre les théories révolutionnaires.

C'est en effet un grand crime de vouloir préserver la jeunesse des théories qui ont fait le malheur de ses pères ; et pour vous mettre en position de juger toute l'énormité de ce crime , nous ne pouvons mieux faire que de vous citer les paroles qui ont fourni matière à ce nouveau grief. C'est une réponse du roi au recteur de l'académie de Caen.

« L'affection de ma nation est à la fois le premier
« besoin de mon cœur et ma plus douce récompense ;
« il m'est doux d'entendre de toutes parts , aussi bien
« dans vos discours que dans les acclamations dont
« j'ai été entouré tant dans la ville de Caen , que
« partout sur mon passage, combien ce sentiment est
« profond , et combien je puis m'y abandonner avec
« une pleine confiance. Toujours dévoué à mon pays,
« je n'ai connu d'autre intérêt que le sien , je n'ai
« formé de vœux que pour sa grandeur, son bonheur
« et sa liberté; mais cette liberté sage qui est fondée
« sur le règne des lois, et qui peut à la fois compri-
« mer les factions et maintenir le libre exercice de
« tous les droits. Voilà la vraie liberté; ce n'est pas
« celle qui s'emporte dans des théories imaginaires
« dont les conséquences ont été si funestes à la France.

« La liberté est inséparable de l'ordre public, ainsi
« que je l'ai inscrit sur les drapeaux de la garde na-
« tionale dès les premiers jours de la révolution des
« juillet, lorsque tant de factions s'agitaient pour la
« faire sortir de cet orbite de sagesse et de légalité
« où elle a été maintenue. Je vous félicite de vos
« succès ; j'apprends avec satisfaction que l'instruc-
« tion publique se répand dans le Calvados, que des
« écoles s'établissent partout. Éclairez notre jeu-
« nesse, guidez-la dans une bonne voie, veillez à ce
« qu'elle soit préservée des rêveries, à ce que la gé-
« nération croissante sache apprécier les réalités, et
« qu'elle ne soit pas disposée à les sacrifier à des
« chimères, et vous aurez bien mérité de la patrie. »

Voilà ce qui sans doute excite si fort l'indignation
du *Patriote* ; et nous demandons, Messieurs, à ceux
d'entre vous qui sont pères de famille, s'ils pourraient
donner de meilleurs conseils aux instituteurs de leurs
fils.

Enfin, continue le *Patriote, c'est un éternel plaidoyer de parti venant de celui qui, si la monarchie
était encore possible, devrait se placer au-dessus
de tous les partis pour voir dans tous les Français
une seule famille.*

Cette grossière injure n'est que la reproduction
d'elle-même, et comme nous en avons déjà fait ressor-
tir l'odieux et l'injustice nous n'y reviendrons pas.

*Nous remercions, quant à nous, l'auguste person-
nage de cette éternelle préoccupation; car elle sert
parfaitement notre cause; est-ce nous, qui pourrions*

sans son secours, mette à nu à la fois la royauté, la dynastie et la personne du prince? pourrions-nous démontrer que la royauté se fait chef de faction, que la dynastie est égoïste et rancunière, que le prince s'acharne sans générosité sur des vaincus que déjà sa police torture et traîne au tombeau?

Ce dernier trait, Messieurs, met le comble à cette longue série d'outrages, et le sieur Roche a eu raison de croire qu'il était impossible d'y rien ajouter. Sa pensée s'y révèle tout entière; ce n'est plus à la personne du roi seule, c'est à la dynastie, c'est à la royauté qu'il s'attaque, tant il est vrai que son seul but est la destruction du gouvernement monarchique.

La royauté se fait chef de faction! On avait déjà dit que Louis-Philippe se constituait *chef de parti*; une faction est bien plus méprisable encore; car toute faction conspire et use de moyens violens; il s'agit d'ailleurs maintenant de la royauté, c'est-à-dire du principe monarchique; comme si, à supposer qu'un roi commît le crime de se faire chef de faction, la royauté devrait être comprise dans l'anathème; comme si l'abus d'une chose utile devait en faire proscrire l'usage! S'il arrivait au président d'une république de se faire chef de faction, le sieur Roche dirait-il : la *République* se fait chef de faction? ou ne restreindrait-il pas plutôt son blâme au *président* coupable?

La royauté se fait chef de faction! Messieurs, nous ne connaissons que deux factions en France.

L'une qui, après avoir misérablement échoué dans

ses tentatives de guerre civile à l'Ouest et au Midi, expire aujourd'hui de détresse et d'isolement.

L'autre qui, sans plus de racines dans le pays, cherche à couvrir sa faiblesse numérique par de grands éclats de voix et une extrême audace; qui formule ses opinions en émeutes, en caricatures, en charivaris, en banquets, en menaces et injures de journaux.

Le roi s'est-il fait le chef de l'une ou l'autre de ces factions? L'arrestation de la duchesse de Berry, les 5 et 6 juin nous répondent.

Quelle est donc la faction dont le roi s'est fait le chef ?

En dehors des légitimistes et des républicains dont le total est si faible, de quoi se compose la nation? de francs constitutionnels qui peuvent être séparés entre eux par des nuances politiques, approuver ou improuver tel ou tel ministère, telle ou telle mesure gouvernementale, désirer un progrès plus ou moins rapide, mais qui veulent, avant tout, la royauté de Louis-Philippe, appuyée sur la Charte de 1830.

Si c'est là ce que vous appelez la faction dont la royauté s'est faite le chef, nous sommes d'accord; mais alors vous nous permettrez de vous dire, avec M. Laffitte, que cette faction, c'est la France tout entière, moins quelques rares partisans du pouvoir déchu et *quelques brouillons impatiens dont l'ambition éveillée par le nouvel ordre de choses, s'est trouvée déçue et veut tout bouleverser de nouveau pour pouvoir tout atteindre.*

Cette faction, c'est trois millions de gardes nationales, ce sont les chambres, les corps électoraux et municipaux, c'est le commerce, c'est la propriété; cette faction, c'est la classe des ouvriers qui n'ignore plus qu'en écoutant vos conseils, elle ne trouve que châtiment et misère; c'est la classe agricole, la plus intéressante de toutes, qui a également en horreur les privilèges de l'ancien régime et les réquisitions, le maximum, la disette du régime républicain; cette faction, c'est encore cette belle armée qui, malgré sa bravoure et son impatience d'ajouter des lauriers à ceux d'Anvers, sait gré au roi d'avoir, par sa sage politique, conservé des fils à leurs mères et des bras à leurs charrues!

Voilà la faction dont la royauté s'honore d'être le chef! comparez cette faction à la vôtre, et dites, si vous l'osez, de quel côté se trouvent le nombre et la valeur morale!

La dynastie est égoïste et rancunière! Même injustice encore. Pourquoi impliquer la dynastie, c'est-à-dire la famille tout entière du roi, dans des reproches qui s'adressent au souverain?

La dynastie égoïste! Mais a-t-elle fait preuve d'égoïsme lorsqu'elle a, pour le bonheur de la France, échangé la jouissance paisible de la plus belle position sociale du monde contre les chances terribles des orages politiques? Fait-elle preuve d'égoïsme tandis qu'au lieu de courir après la fausse popularité des partis, elle fait face aux injustices de toute espèce pour maintenir le vaisseau de l'État dans une ligne de prudence et de salut? La dynastie égoïste!

Eh! ne sait-on pas qu'en dépit de toutes vos insinuations, il n'est pas un infortuné qui l'implore inutilement? Est-ce de l'égoïsme aussi que cette pensée gigantesque de ressusciter Versailles pour le peupler de toutes les illustrations de la France?

Le prince s'acharne sans générosité sur des vaincus que déjà sa police torture et traîne au tombeau!

Est-il possible d'altérer à ce point la vérité? Nous voudrions, Messieurs, détourner nos paroles d'un sujet aussi brûlant; mais pouvons-nous éviter de vous faire sentir tout ce qu'il y a de révoltant dans cette allégation? Quels sont donc ces vaincus dont vous parlez? Il faut bien le dire, quoiqu'ils soient vos héros et qu'à vos yeux ils n'aient d'autre tort que d'avoir échoué dans leur entreprise, ces vaincus, ce sont des malheureux qui, sans autre mission que le courage de l'aveuglement et du fanatisme, avaient conspiré la ruine de la France! qui, pour réaliser leurs coupables desseins, n'ont pas craint d'exploiter un cadavre, ont couvert d'un bonnet rouge la tombe d'un illustre général, heureux d'être le seul témoin insensible de tant de crimes et de désastres! ces vaincus, ce sont ceux qui ont provoqué la guerre civile, se sont armés contre la révolution de juillet, ont soutenu siège contre elle, et par leur feu meurtrier ont immolé tant d'honorables pères de famille!

Tels sont ces vaincus que vous préconisez, dont vous avez osé dire : « Les combattans du cloître

Saint-Méry sont regardés comme d'héroïques infortunés par les hommes généreux de tous les partis. »

Eh bien ! ces vaincus que vous entourez de vos respects, ils avaient été jugés par le pays : des jurés les avaient crus dignes de la mort!

Louis-Philippe les a arrachés au supplice, et vous, vous dites que sa police les torture et les traîne au tombeau!

Voilà bien, Messieurs, la bonne foi des factions ! les républicains de nos jours trouvent des raisons excellentes pour légitimer leurs actes de révolte, et lorsqu'il s'agit du roi, ils en trouvent encore pour convertir ses actes de clémence en actes de cruauté !

Le parti dont le sieur Roche s'est fait l'organe dans le département de l'Allier est riche en contradictions de ce genre.

Il proclame bien haut son humanité, et lorsqu'il parle des hommes les plus sanguinaires de la Convention, il fait leur apologie, ou tout au moins assure qu'ils ne sont pas encore jugés.

Il déclare qu'il veut une révolution sans secousses ; et il fait les 5 et 6 juin ;

Qu'il adore la liberté ; et il convient que s'il arrivait au pouvoir il lui faudrait la dictature.

Il se dit l'ami du peuple, et il ruine le peuple par les émeutes en lui ôtant son travail et son salaire.

Il prétend être le plus nombreux; et dans les chambres, dans les collèges électoraux, dans les conseils municipaux, dans la garde nationale, dans l'armée, dans les campagnes, dans les ateliers, sur la place publique, il refuse de reconnaître qu'on n'a pour lui que de l'éloignement.

Il parle de sa tolérance pour toutes les opinions, et quiconque s'avise de ne pas partager la sienne est bientôt traité de renégat, d'homme vendu; heureux encore s'il échappe aux injures et aux menaces anonymes !

Il trouve fort convenable de faire voyager au milieu des toasts de haine à la royauté, de mort aux tyrans, des députés qui ont prêté le serment de fidélité au roi, et d'obéissance à la Charte; et si le roi veut visiter une province dans un but d'utilité générale, il crie à la violation du pacte qu'il est le premier à fouler aux pieds !

Il professe son admiration pour le jury lorsque ses décisions lui sont favorables; mais si le jury le condamne, il n'est plus qu'un jury brutal qui ne représente pas le pays; il est stygmatisé sans miséricorde, et les noms de ses membres sont signalés à la vindicte publique.

Il proteste en toute occasion de son respect pour la propriété, et il annonce hautement que le jour viendra ou l'hérédité des fortunes sera bannie comme *usurpatrice.*

On n'en finirait pas si l'on voulait nombrer toutes les inconséquences de ce parti, et l'on peut être assuré d'avance qu'à côté de chacune de ses assertions se trouvera toujours une de ses actions pour la démentir.

Nous terminerons nos citations, Messieurs, par la lecture d'un passage de l'article incriminé qui aurait donné lieu à un troisième chef de prévention, celui d'*attaque contre la dignité royale*, si nous eussions cru devoir le joindre aux deux autres dans notre plainte; ce passage est ainsi conçu :

« On veut suivre les traditions des anciennes cours, « restaurer leurs adorations, rendre à la dynastie « l'éclat des autres augustes familles. Et c'est pour y « parvenir qu'on fait grand bruit des discours d'ap- « parat débités au très-haut voyageur, et c'est jus- « tement en cela qu'on se trompe. Les efforts tentés « pour raviver une majesté impossible sont inutiles ; « ils ne produisent que le sourire ; les courtisans en- « tendraient mieux leur métier en soustrayant aux « regards du peuple la personne de leur maître. En « voyant la foule se presser devant les caricatures de « Philippon, en nombrant sur les murs de Paris les « millions d'emblèmes anti-royalistes crayonnés par « des mains prolétaires, ils devraient apprendre que « l'adoration du chef de la dynastie n'est plus de mise. « En pareille matière la parodie est près des choses sé- « rieuses, et si la majesté n'éblouit pas, si elle se laisse « regarder en face, si elle se montre ce qu'elle vaut, « elle tombe bientôt dans le décri. »

Il serait sans doute possible, Messieurs, de voir dans ce paragraphe une attaque contre la dignité royale ; cependant il ne vous sera posé aucune ques- tion sur ce point, l'arrêt d'accusation n'ayant pu mettre le sieur Roche en prévention d'un délit qui n'avait été l'objet d'aucune réquisition de notre part ; mais ce passage pourra concourir à vous faire juger l'esprit de l'article incriminé. Cet esprit éclate à travers chaque phrase, chaque expression ; il est facile de voir pourquoi les voyages du roi blessent si fort le *Patriote* ; c'est qu'ils fournissent à Louis Philippe l'occasion de se mettre en rapport intime avec le peuple ; c'est qu'ils fournissent au peuple l'occasion de prouver à Louis Philippe son invariable attachement à sa personne. Vainement criez-vous en toute occasion, *que la majesté du trône est détruite à jamais, que les efforts tentés pour raviver une majesté impossible sont inutiles, qu'on veut suivre les traditions des anciennes cours, restaurer leurs adorations, rendre à la dynastie l'éclat des autres augustes familles.*

Vous savez bien, au fond du cœur, que le roi des Français et son admirable famille n'ont rien à envier aux races royales présentes ni passées, que plus d'un peuple s'estimerait heureux de les avoir en partage, et que la France peut les montrer avec orgueil à ses amis comme à ses ennemis.... Vous savez bien que l'éclat et la majesté du trône de juillet prennent leur source dans un sentiment plus sûr et plus durable que le droit divin et une constitution octroyée ; qu'ils résident dans cette élection libre et spontanée qui éleva Louis Philippe sur le pavois populaire ; qu'ils résident dans ces mille applaudissemens de la foule, dans cette unanime sympathie qui s'attachent à tous ses pas. Vous savez bien que si tout cela n'est pas l'adoration du vieux temps, c'est quelque chose de mieux encore, la reconnaissance pour le passé, l'approbation du présent, la foi dans l'avenir.

Oui, vous savez tout cela, et c'est justement ce qui vous irrite contre les voyages du souverain ; c'est ce qui vous fait désirer un *roi soliveau qui soit par ses courtisans soustrait aux regards du peuple.* Sans doute, vous auriez meilleur marché d'un roi semblable ; vous l'auriez bientôt dépouillé de toutes ses prérogatives. Vous pourriez plus à votre aise, répéter chaque matin qu'il est un *ignorant*, un *avare*, un *traître*, qu'il *n'a plus la confiance de la nation*, que *son gouvernement déplaît au pays....* Alors, ces ignobles caricatures qui vous réjouissent si fort pourraient avoir quelque crédit sur les ames simples ; mais elle n'a qu'à se montrer, cette majesté citoyenne qui vous inspire tant de dégoût, pour renverser par sa seule présence tous vos échafaudages de calomnie. Un mot de sa bouche détruit cent de vos pages, et *lorsqu'elle se montre ce qu'elle vaut, au lieu de tomber dans le décri*, elle séduit jusqu'à ses détracteurs. Elle n'éblouit pas les yeux, mais elle gagne les cœurs ; et ce lot lui suffit.

C'est là sans doute un grand embarras pour des gens qui s'en vont répétant avec assurance que nos mœurs sont républicaines ; que les idées monarchiques sont usées sans retour ; c'est, si vous le voulez, un tort du siècle trop attardé, un vieux reste de nos préjugés constitutionnels. Mais puisqu'à vous en croire, vous avez pour vous l'avenir, il serait plus sage et plus adroit surtout de prendre votre parti sur le présent, car votre colère ne sert qu'à nous prouver votre inquiétude sur cet avenir qui vous échappera long-temps encore.

Messieurs les jurés, nous arrivons au terme de cette discussion, il nous reste à la résumer. Nous avons établi successivement les deux délits imputés au sieur Roche.

Le premier de ces délits, celui d'attaque contre l'inviolabilité du roi, consiste dans la dénégation formelle de cette inviolabilité. Il résulte surtout de ces phrases qu'il est bon de vous rappeler.

« La sentence anglaise, le roi ne peut mal faire, « n'est autre chose que la plus insignifiante fiction.

« Un roi si discourant ne peut pas revendiquer la « fiction d'inviolabilité inventée par les rois soliveaux.

« Qu'on ne lui refuse pas la responsabilité de ses actes.

« Si nous chavirons sur des écueils, à lui seul la « responsabilité; à lui seul la honte et la peine.

« Avec un roi actif la fiction disparaît devant la « réalité.

« Il peut en advenir gloire et succès pour la dy- « nastie; mais c'est à ses risques et périls.

« Votre fiction nous est impossible à accepter. »

Nous vous avons dit que de tous ces passages, au nombre de sept, un seul suffirait pour constituer l'attaque la plus formelle et la plus explicite.

Nous avons combattu l'argumentation anti-constitutionnelle sur laquelle reposent les doctrines de l'article incriminé.

Enfin, nous avons démontré que le principe de

l'inviolabilité royale est d'une importance telle, que l'attaquer, c'est attaquer le gouvernement constitutionnel par sa base.

Arrivant à la discussion du deuxième délit, celui d'offense commise publiquement envers la personne du roi, nous l'avons fait résulter surtout des imputations suivantes : « Que Louis Philippe nuit à la mo-
« narchie; qu'il se constitue chef de parti ; qu'il lance
« des insultes contre les libéraux; qu'il ne sait pas
« renfermer ses haines dans son cœur;

« Qu'il ne peut pas laisser passer une seule occa-
« sion de répandre son fiel contre les révolution-
« naires qui lui ont dressé un trône;

« Que ses discours sont un éternel plaidoyer de
« parti; que la dynastie est égoïste et rancunière ;
« que la royauté se fait chef de faction; que toute
« occasion lui est bonne pour réveiller les haines,
« semer les discordes ;

« Que le prince s'acharne sans générosité sur des
« vaincus que déjà sa police torture et traîne au tom-
« beau. »

Nous avons établi que, par ces différens passages, l'article incriminé impute au roi de véritables crimes; qu'en effet ce serait un crime de la part du roi de se *constituer chef de parti*, *de réveiller les haines*, *semer les discordes, de se faire chef de faction*; que supposer publiquement le roi coupable de tous ces crimes, c'est lui adresser l'offense la plus sanglante, et la plus propre à exciter contre sa personne l'animadversion générale.

Nous vous avons fait remarquer que ces outrages sont d'autant plus coupables que les faits sur lesquels ils reposent sont entièrement controuvés ou dénaturés avec une évidente malveillance.

On ne manquera pas de vous dire, Messieurs, que nous voulons opprimer la presse ; car cet argument, malgré l'abus qu'on en a fait, n'est pas tellement usé qu'il ne trouve encore une place honorable dans tous les procès politiques. La *presse opprimée !* et c'est en face d'un déluge d'écrits incendiaires qui, chaque jour inondant la France, vont y porter mille délits laissés sans poursuite, qu'on ose articuler ce blâme ! On parle des quatre-vingts procès de la *Tribune* ; mais de bonne foi, est-il un numéro de ce journal qui pût être à l'abri d'une saisie si le pouvoir avait les projets qu'on lui prête ?

Non, quoi qu'on en puisse dire, on ne persuadera à personne que la presse soit opprimée, et les plus incrédules sur ce point, pour se convaincre du contraire, n'ont qu'à jeter les yeux sur trois ou quatre journaux pris au hasard.

Il est vrai que, si nous voulons la liberté de la presse, nous la voudrions pure de tout excès ; nous la voudrions à l'image de notre révolution de 1830, qui lui doit en grande partie son existence. La révolution de juillet s'est faite pour la *Charte* et les *lois* ; nous voudrions que la presse respectât la *Charte* et le souverain qui est la *loi* vivante. Nous voudrions que la presse ne se détruisit pas elle-même en conti-

'nuant de se porter en aveugle les coups les plus
mortels. Nous savons par expérience que la presse
ne fut jamais plus à plaindre que lorsque aucune loi
ne lui imposait de justes limites, ou lorsque ces lois
restaient inexécutées. A quelle époque la pensée fut-
elle plus captive que dans ces temps de déplorable
mémoire où une minorité factieuse s'était emparée
de la France? Et cependant la constitution de 1793
et celle même de l'an III consacraient la liberté illi-
mitée de la presse. Mais savez-vous ce qui résulta
de cette absence ou de cette inertie des lois pénales?
L'arbitraire le plus infame. Un écrivain indépendant
voulait-il élever la voix contre les oppresseurs de la
patrie? il était aussitôt transformé, selon l'époque,
en aristocrate, en fayettiste, en modéré, en girondin,
en dantonien; le malheureux était mis aux fers, ses
presses brisées ou confisquées au profit des écrivains
démagogues, et sa personne déportée ou livrée à l'é-
chafaud.

Telles étaient les conséquences de cette liberté illi-
mitée de la presse qu'on nous représente comme le
beau idéal, et qu'on voudrait nous rendre aujourd'hui
en dépit des leçons de l'histoire.

Plus heureux que nos pères, Messieurs, nous vivons sous un régime également éloigné des mesures
préventives de la restauration et de la tyrannie révo-
lutionnaire. Nous sommes en possession d'une lé-
gislation purement répressive qui, étant l'œuvre de
la révolution de juillet, n'a laissé à la société que les

armes rigoureusement nécessaires pour sa défense.
La loi de novembre 1830 qui protège l'inviolabilité
royale a été votée par la Chambre des 221 à la majorité de 217 voix contre 17; elle a été promulguée
et contresignée par M. *Dupont de l'Eure* alors ministre de la justice; et l'art. 86 du nouveau Code pénal,
qui punit l'offense publique à la personne du roi, a
été introduit dans ce Code par la Chambre actuelle
qui nous a dotés de tant de lois libérales.

Messieurs les jurés, nous ajouterons peu de mots;
avec vous, nous sommes tranquilles sur le sort de
l'accusation; car, quoi qu'on puisse dire, vous êtes
l'expression la plus vraie de l'opinion publique; ce
n'est pas à des hommes éclairés qu'il faut dire que
la mutilation de la Charte, la déconsidération de
la royauté entraîneraient infailliblement la chute de
l'une et de l'autre. Comme nous, comme tous les
bons citoyens, vous désirez conserver cette royauté
de juillet, cette Charte que la France a confiée au
patriotisme de ses enfans. Vous ne refuserez pas à
cette Charte une nouvelle sanction du pays; vous
ne refuserez pas à cette royauté ce que vous accor-
deriez au dernier des citoyens: c'est au nom de la
constitution attaquée; c'est au nom du roi calomnié
que nous réclamons justice; nous remplissons ce devoir consciencieusement, sans nous inquiéter de
quelques vaines clameurs. Vous-mêmes, Messieurs
les jurés, vous saurez rejeter toute prévention funeste
à la défense, mais aussi vous garantir de toute in-

dulgence coupable envers la société. Votre verdict, en tranquillisant les esprits sur les dangers de la licence, vous assurera de nouveaux droits à l'estime de vos concitoyens, et vous emporterez au foyer domestique la satisfaction précieuse d'un devoir accompli sans haine comme sans faiblesse.

FIN.